SCHLEIM

SELBER MACHEN

Renée Salome

100 %
SELBST GEMACHT

SCHLEIM

SELBER MACHEN

17 superschnelle DIY-Rezepte

Aus dem Niederländischen von Sonja Fiedler-Tresp

COPPENRATH

INHALT

12

24

WIR LIEBEN
SCHLEIM!

Er ist glibberig und klebrig, rotzig und eklig. Er knistert und quietscht. Er fließt und wächst, ist magisch, weich und wunderbar. Es macht einen Riesenspaß, ihn herzustellen, und noch mehr, mit ihm zu spielen: Schleim!

In diesem Buch erfährst du alles über Schleim. Du lernst, mit einfachen Zutaten aus Küche und Bad klebrige Schwabbelmassen anzurühren, und siehst dir das Ganze unter dem Mikroskop an. Du erfährst, wieso es Rotz und Spucke gibt und warum Schnecken kopfüber kriechen können. Und vor allem, wie man Schlumpf-Schnodder macht und Schleim in Regenbogenfarben zu einer Kugel formt und vieles andere mehr.

WAS IST SO SCHÖN AM SCHLEIMMACHEN?

Äh … alles. Du kannst wie ein echter Wissenschaftler Dinge miteinander reagieren lassen.

Du kannst selbst überlegen, wie dein Schleim sein soll.

Du kannst mit ihm spielen, ihn durch die Hände gleiten lassen, kneten, in die Länge ziehen, ihn springen lassen und so weiter.

Du kannst daran schnuppern: Schleim riecht oft richtig super!

Du kannst ihn anschauen: Manchmal sieht er klasse aus.

Mit Schleim zu spielen, ist sehr beruhigend. Du kannst dabei die Gedanken treiben lassen und kommst auf neue Ideen.

Du kannst deine Kreativität spielen lassen, wenn du Rezepte nach deinem Geschmack abänderst. Auch wenn du Dosen oder Tüten verzierst, in denen du den Schleim aufbewahrst, ist deine Kreativität gefragt.

ELTERN UND SCHLEIM

Viele Eltern stehen nicht so auf Schleim. Sie verstehen nicht, warum ihre Kinder so einen Spaß daran haben. Am meisten fürchten sie, dass dabei Chaos entsteht. Das ist berechtigt, aber wie du gerade gelesen hast, hat die Sache auch positive Seiten. Folgendes kannst du deinen Eltern erklären, wenn sie dir die Schleimerei verbieten wollen:

„Experimentieren ist sehr wichtig für meine Entwicklung."

„Wenn ich experimentiere, lerne ich auch für die Schule."

„Ich versuche herauszufinden, wie sich ein nichtnewtonsches Fluid verhält."

„Sensorische Spiele sind wichtig für meine sensomotorische Entwicklung (und die meiner kleinen Geschwister)."

„Ich verspreche, dass ich alles ordentlich aufräume."

„Ich kann Anti-Stress-Schleim für euch herstellen, dann habt ihr auch etwas davon."

„Ich meditiere, lasst mich bitte in Ruhe."

„Soll ich lieber zwei Wochen lang eine Gurke in meinem Zimmer liegen lassen, um zu sehen, wie Schleim entsteht?"

„Ich kann die Süßigkeiten auch einfach aufessen, aber dann kriege ich bestimmt ein Loch im Zahn."

Viel Erfolg beim Überzeugen deiner Eltern, und vor allem: Viel Spaß bei deiner Schleim-Aktion!

SCHLEIM MACHT SCHLAU!

Wusstest du, dass dein kleiner Bruder und deine kleine Schwester auch gern mit Schleim spielen? Und dass sie dabei sogar etwas lernen? Wissenschaftler nennen das Spielen mit Materialien ohne feste Form (z. B. Sand, Wasser und Ton, aber auch Schleim) „sensorisch". Das bedeutet, dass man mit all seinen Sinnen spielt: Nase, Ohren, Augen, Zunge und Haut. Kleine Kinder lernen dadurch sehr viel! Zum Beispiel lernen sie ihren Körper gut kennen, aber auch die Materialien. Das Spiel hat eine beruhigende Wirkung. Und während sie den Schleim durch ihre Finger gleiten lassen, können sie ihre Erlebnisse verarbeiten. Schleim ist einfach großartig!

DEIN SCHLEIMLABOR

Wie du selber Schleim herstellst? Ganz einfach: Such dir die Zutaten zusammen und vermische sie. Fertig ist der Schleim – wenn alles gut geht. Welche Zutaten du brauchst? Das hängt vom Schleim ab. Für weichen Schleim brauchst du Rasierschaum, für essbaren Schleim ... nicht. Dafür nimmst du lieber Marshmallows.

Schleim mit dieser Kennzeichnung solltest du auf keinen Fall in den Mund nehmen:

DIESE SACHEN BRAUCHST DU

Aus der Küche:
Maisstärke oder Mehl
Lebensmittelfarbe
Spülmittel
Sonnenblumenöl
Natron

Aus dem Bad:
Rasierschaum
Shampoo
Kontaktlinsenflüssigkeit
Badeöl
Flüssigwaschmittel

Aus der Bastelkiste:
Bastelleim mit PVA
Glitzer
Farbe

Und sonst:
kleine Gefrier- oder Frühstücksbeutel
Zip-Verschluss-Beutel
Plastikdosen mit Deckel
Gläser mit Schraubverschluss
Rührschüsseln

Messbecher
Gummihandschuhe
Teigschaber
Löffel (Teelöffel, Esslöffel)
Gabeln
Backpapier

AUF STREIFZUG

Mach einfach mal einen Streifzug durch die Wohnung und schau, ob du die passenden Zutaten findest. Deine Eltern sollten Bescheid wissen, denn manche Zutaten enthalten chemische Stoffe (und oft sind Eltern auch nicht begeistert, wenn du ihr Lieblingsshampoo leerst oder mit Klebstoff auf dem Sofa spielst).

TIPPS & TRICKS

ZUTATEN

Hast du alles zusammen? Super! Oder hast du zumindest einige Dinge im Haus? Auch gut. Schleim herstellen ist ein bisschen wie Kuchen backen. Man muss wissen, was in den Teig kommt und wie viel man davon braucht. Jede Variation verändert den Kuchen. Stell dir vor, wie Kuchen mit Salz statt Zucker schmeckt. Oder was passiert, wenn du zu viel Mehl nimmst (Backstein!).

Für den perfekten Schleim musst du genau arbeiten. Das richtige Verhältnis der Zutaten ist sehr wichtig.

MENGENANGABEN

Manchmal weißt du nicht, wie viel Wirkstoff deine Zutaten enthalten. Denn Waschmittel, Kleber und Kontaktlinsenflüssigkeit setzen sich je nach Marke anders zusammen. Füge die Zutaten daher am besten nach und nach hinzu und nicht alles auf einmal.

FREESTYLE

Es gibt auch einen anderen Weg, Schleim herzustellen: Einfach ausprobieren, was passiert, wenn man bestimmte Zutaten vermischt. So richtig schön Freestyle eben.

Stell dir vor, du entdeckst ein neues super Schleimrezept. Wäre das nicht toll? Damit du es nie mehr vergisst und mit anderen teilen kannst, wäre es schlau, es gleich aufzuschreiben. Dafür hast du auf Seite 62 und 63 Platz.

FARBEN MISCHEN

Schon gewusst?
Mit den Grundfarben Rot, Blau und Gelb
kannst du alle Farben mischen,
die du willst!

Gelb + Rot = Orange

Rot + Blau = Lila

Blau + Gelb = Grün

SCHLEIM
IM KÖRPER

Eigentlich stellst du schon längst jeden Tag Schleim her. Dein Körper ist eine echte Schleimmaschine. Jeden Tag produzierst du aufs Neue Rotz, Spucke und anderen Schleim. Mindestens einen Liter pro Tag. Und das hat einen Sinn!

ROTZ

So eklig er auch ist, er ist wichtig! Die Schleimhaut in deiner Nase sondert Rotz ab. Er sorgt dafür, dass die Luft, die in deine Nase kommt, gefiltert, erwärmt, befeuchtet und gereinigt wird. Und außerdem: Alles, was nicht in deinen Körper gehört, bleibt an der schleimigen Masse kleben, zum Beispiel Bakterien. Und beim Niesen wirst du die Bakterien los. Du kannst die Nase auch hochziehen und den ganzen Schnodder runterschlucken. Das findest du eklig? Dann wusstest du noch nicht, dass du den größten Teil des Schleims, den du am Tag produzierst (ein Liter oder mehr), sowieso unbewusst herunterschluckst! Rotz ist meistens schön klar. Aber wenn du krank bist, kann er auch mal gelb und grün werden. Warum das so ist, konnten Wissenschaftler noch nicht eindeutig klären.

Die alten Griechen glaubten, dass diese vier Körpersäfte im Gleichgewicht sein müssen: Blut, gelbe Galle, schwarze Galle und Schleim. Wer zu viel Schleim hatte, war angeblich „phlegmatisch". So nennt man jemanden, der ruhig und gelassen ist und sich nicht aufregt. Ein Denker-Typ, könnte man sagen.

SPUCKE

Spucke (oder Speichel) entsteht in den Speicheldrüsen in deinem Mund. Sie kann leicht wässrig sein, aber auch schleimig, zum Beispiel wenn du ein Stück Fleisch isst. Dann sorgt die schleimige Spucke dafür, dass das Fleisch zarter wird, indem sie die Stärkeverbindungen auflöst. Die Verdauung beginnt also schon im Mund! Durch den Speichel rutscht auch alles leichter die Speiseröhre hinunter in den Magen. Speichel schützt Mund und Zähne vor Schimmel und Bakterien und hält sie sauber. Wusstest du, dass du durchschnittlich einen halben Liter Spucke pro Tag produzierst? Das sind zwei große Gläser voll.

SPUTUM

So nennt man den Schleim, der aus den Bronchien und der Lunge kommt. Man hustet Sputum, vermischt mit Speichel, nur aus, wenn man krank ist. Und zwar gelbe oder grüne stinkende Brocken voll toter Bakterien. Bäh!

SCHLUMPFIS BLAUER
SCHNODDER

Was geschieht, wenn sich ein Schlumpf die Nase putzt? Dann kommt Schlumpf-Rotz heraus! Er sieht lustig aus und riecht großartig! Schlumpfis Schnodder schlumpft man in kürzester Zeit zusammen. Du brauchst fast nichts dafür und schiefgehen kann es auch nicht.

Du brauchst:

- Shampoo (oder Cremespülung, Spülmittel oder Seife), natürlich in Blau
- Wasser
- Gefrier- oder Frühstücksbeutel

1. Gib ein bisschen Shampoo (oder Spülung, Spülmittel oder Seife) in einen Gefrier- oder Frühstücksbeutel.
2. Füge etwas Wasser hinzu.
3. Knete Schlumpfis Schnodder von außen durch, sodass sich alles gut vermischt. Füge eventuell noch mehr Wasser und/ oder Shampoo hinzu.
4. Knoten in die Tüte und fertig!

Schlumpf los!

Tipp:

Schlumpfis Schnodder ist natürlich blau, aber du kannst auch andersfarbiges Shampoo verwenden. Was hältst du von grünem Drachenschleim und rotem Vampirblut? Du kannst mit Lebensmittelfarbe auch ganz einfach Farben mischen.

ROTZ ZUM REINBEISSEN

Es ist nicht gerade elegant, in der Nase zu bohren. Und Popel zu essen erst recht nicht!
Trotzdem machen das sehr viele Leute heimlich. Und es scheint auch noch gesund zu sein.
Wissenschaftler glauben, dass es vor Infektionen schützt.
Mit diesem Schleimrezept kannst du essbaren Rotz herstellen. Lecker, oder? Du brauchst nur
einen Topf auf den Herd zu stellen. Bitte dabei deine Eltern um Hilfe.

Du brauchst:

- 3 Blatt Gelatine (für 250 ml Wasser)
- 3 Esslöffel Fruchtsirup (gelb oder grün)
- grüne und/oder gelbe Lebensmittelfarbe
- 250 ml Wasser

- 1 tiefen Teller
- 1 Rührschüssel
- 1 Teigschaber
- 1 Gabel
- 1 Topf

1. Lass die Gelatineblätter in einem tiefen Teller mit kaltem Wasser fünf Minuten einweichen.

2. Gib den Sirup in die Schüssel und füge einige Tropfen Lebensmittelfarbe hinzu. Bei gelbem Sirup ein bisschen Blau, damit der Rotz grün wird. Bei grünem Sirup könntest du etwas Gelb dazugeben. Mische alles gut durch und gieße dann 250 ml kaltes Wasser dazu.

3. Nimm die Gelatine aus dem Wasser und drücke sie aus.

4. Gib die Gelatine mit fünf Esslöffeln Wasser in den Topf, und erhitze sie langsam, bis sie sich auflöst.

5. Lass die Gelatine kurz abkühlen und gib sie dann zum Sirup.

6. Mische alles gut durch und stell die Masse für mindestens zwei Stunden in den Kühlschrank.

7. Nimm den Schleim aus dem Kühlschrank und rühre ihn mit einer Gabel um.

Fertig ist der Rotz!

ZIEMLICH SCHLEIMIGE
TIERE

Wusstest du, dass Schleim für viele Tiere lebenswichtig ist? Es klingt zwar eklig (und das ist es oft auch), aber ohne Rotze, Spucke und andere glibberige Widerlichkeiten gäbe es die Tiere gar nicht. Sie brauchen Schleim, um andere anzugreifen oder sich zu verteidigen, um Nahrung zu finden und zu verdauen, um sich schneller fortzubewegen, zu kommunizieren, sich ein Haus zu bauen ... Wofür ist Schleim eigentlich nicht gut?
Diese schleimigen Tiere möchten sich dir gern vorstellen:

PFEILGIFTFRÖSCHE
haben eine schleimige Schicht auf ihrer Haut, die giftig ist. Auch wenn die winzigen Frösche mit ihren bunten Farben wunderschön aussehen, solltest du sie nicht streicheln! Schon eine winzige Menge Gift eines Phyllobates Terribilis reicht aus, um einen Menschen zu töten. Und wir jammern über Kontaktlinsenflüssigkeit …!

BÜFFELKOPF-PAPAGEIFISCHE
schlafen am liebsten unter einer selbst gemachten Hülle aus Schleim. Ehrlich! Sie spucken Schleim aus und zählen darunter die Schäfchen. Und das ist wirklich schlau, denn Aale finden zwar Papageifische köstlich, nicht aber ihre Schleimdecke.

FANGSCHRECKENKREBSE
verstecken sich oft in unterirdischen Löchern im Sand. Durch Schleim wird ein festes Haus daraus – fast wie mit Zement.

WELSARTEN,
Für manche Tiere ist Schleim ein köstliches Abendessen. Es gibt die beinahe nur vom Schleim anderer Fische leben. Guten Appetit!

In Neuseeland leben glühwürmchenartige **MÜCKEN**, die ein Seiden-netz spinnen und mit einigen Tropfen Schleim versehen. Nachts werden Insekten von dem hellen Licht angezogen und verfangen sich in den klebrigen Fäden.

Viele Insekten wie **MARIENKÄFER UND SCHMETTERLINGE** kleben ihre Eier an Pflanzen fest, die ihre Kinder sofort verzehren können, wenn sie geschlüpft sind – mit superkleb-rigem Schleim.

LAUBFRÖSCHE nutzen Schleim, um auf Bäume zu klettern. An ihren Fingern und Zehen sitzen Haftballen. Sobald der Frosch sich festhält, kommt daraus klebriger Schleim, durch den er haften bleibt. Auch Schnecken nutzen Schleim, um sich fortzubewegen. Weil er so klebrig ist, können sie so-gar kopfüber kriechen!

Viele Tiere reinigen sich mit ihrem Speichel. **GECKOS** putzen sich mit dem Schleim auf ihrer Zunge die Augen.

SPORNSCHILDKRÖTEN produzieren mehr Spei-chel, wenn es sehr heiß wird. Diesen schmieren sie sich auf die Arme und schützen sich so vor Sonnenbrand.

KOMODOWARANS (diese Riesenechsen können bis zu drei Meter lang werden) ist sehr, sehr giftig. Wenn sie ihre Beute beißen, senkt das Gift den Blutdruck der armen Tiere so, dass sie bewusstlos werden. Auf diese Weise verputzen die Warane riesige Tiere wie Wasserbüffel und Hirsche.

MAUERSEGLER bauen ihre Nester mithilfe von Speichel. Die meisten Arten nutzen ihre Spucke, um Federn und Zweige aneinanderzukleben. Andere bauen Nester, die aus nichts als ihrem getrockneten Speichel bestehen. Diese sogenannten Schwalbennester gelten in Asien als Delikatesse und werden zu Suppe verarbeitet.

Echt passiert! In Amerika sind mit **SCHLEIMAALEN** beladene Behälter von einem LKW gestürzt und die Tiere verteilten sich auf der Straße. Mehrere Autos krachten daraufhin ineinander, denn auf der Straße lag … eine dicke Schicht Schleim! „Es war irrsinnig schmierig", sagten die Leute. Warum? Wenn Schleimaale sich bedroht fühlen, geben sie ein zähes Sekret ab.

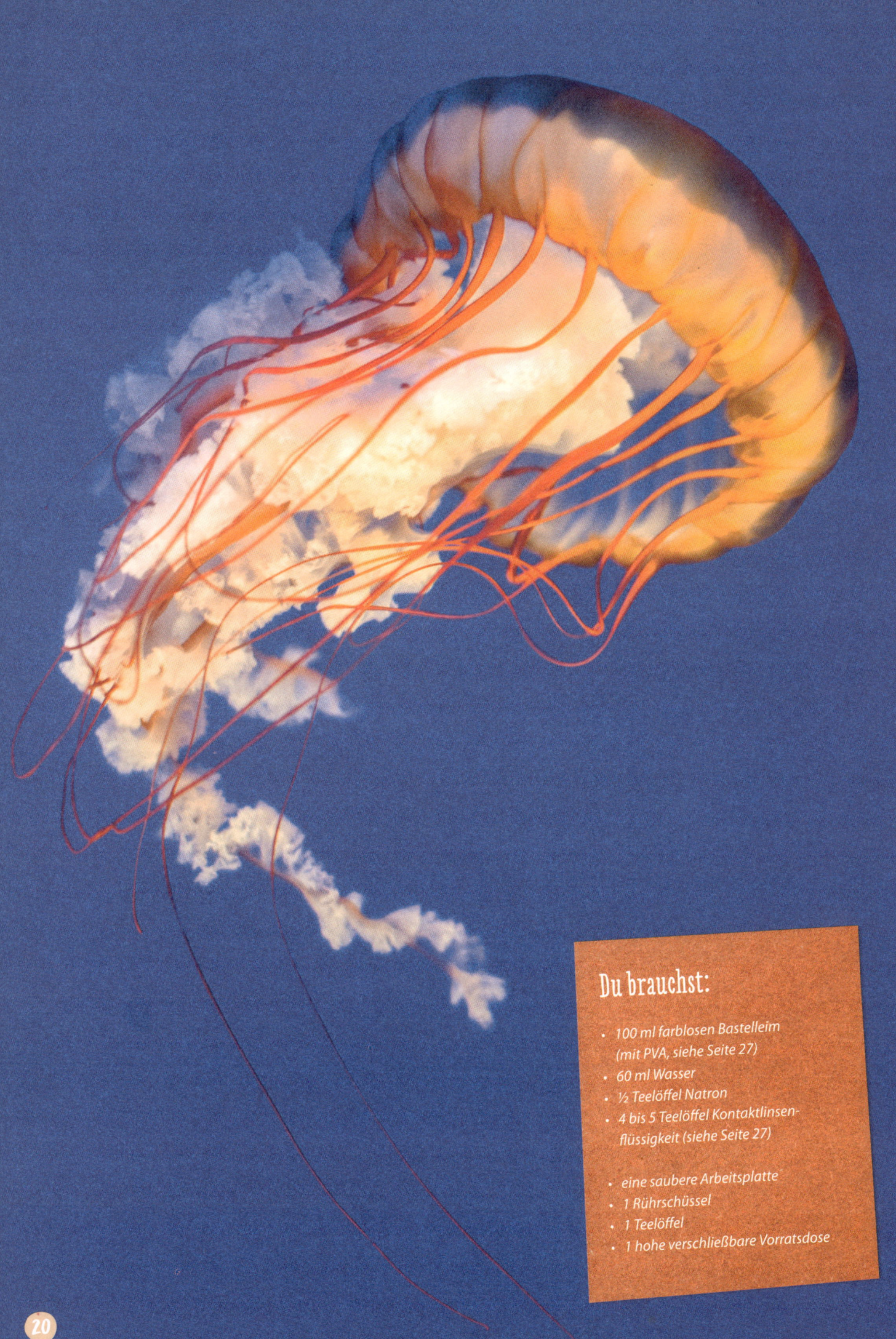

Du brauchst:

- 100 ml farblosen Bastelleim
  (mit PVA, siehe Seite 27)
- 60 ml Wasser
- ½ Teelöffel Natron
- 4 bis 5 Teelöffel Kontaktlinsenflüssigkeit (siehe Seite 27)

- eine saubere Arbeitsplatte
- 1 Rührschüssel
- 1 Teelöffel
- 1 hohe verschließbare Vorratsdose

GLIBBERIGER
QUALLENSCHLEIM

Auf Englisch heißen Quallen „jellyfish", was so viel wie „Geleefisch" bedeutet. Und wie Gelee fühlen sie sich an, diese wunderschönen Tiere, denen du lieber nicht begegnest, wenn du im Meer schwimmst. Es sei denn, es sind selbst gemachte Quallen!

1. Gib den Bastelleim in eine Rührschüssel.
2. Füge Wasser hinzu und rühre gut um.
3. Gib das Natron dazu und vermische alles gründlich.
4. Jetzt fügst du Teelöffel um Teelöffel Kontaktlinsenflüssigkeit hinzu. Du merkst schnell, dass das Leim-Wasser-Gemisch seine Struktur verändert. Rühre gut um und nimm das Blubberding dann in die Hand. Knete es so lang, bis die Qualle nicht mehr klebrig ist.
5. Jetzt brauchst du viel Geduld. Der Schleim ist voller Luftblasen, die noch herauswollen. Darum musst du ihn einen Tag und eine Nacht stehen lassen. Wenn du schlau bist, legst du ihn in ein hohes Gefäß, dann brauchst du später nicht so viel wegzukratzen.
6. Idealerweise sind alle Luftblasen nach oben getrieben und du kannst die oberste Schicht des Schleims wegkratzen.

Nimm deine Qualle mit an den Strand und erschreck die Leute oder spiel damit.

KLEINE, SCHLEIMIGE MONSTER

Es gibt so viel Schleimiges auf der Erde … Denk zum Beispiel mal an eine Gurke, die zu lange im Kühlschrank herumgammelt. Oder an die glibberige Schicht, die du im Sommer auf dem Teich beobachten kannst. Dafür sind Bakterien, Schimmel, Amöben und Algen verantwortlich.

BAKTERIEN

Bakterien sind winzige Wesen, die aus nur einer Zelle bestehen. Sie können Krankheiten verursachen, aber wir brauchen sie auch, um gesund zu bleiben. Zum Glück sind die meisten gut. Bakterien lassen Gurken verrotten. Und sie leben gern mit Millionen von Gleichgesinnten zusammen auf dem Teich. Es stinkt und sieht unappetitlich aus, aber nützlich ist es trotzdem.

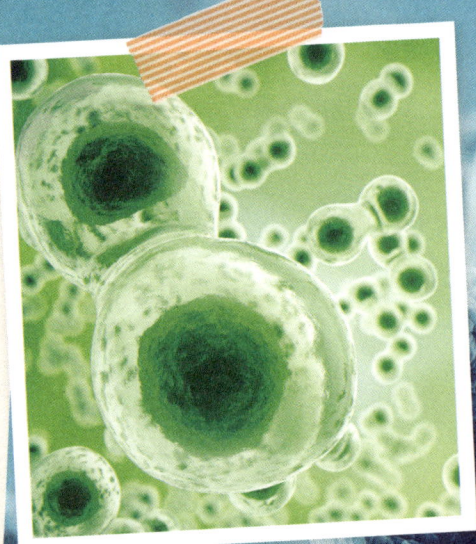

ALGEN

Algen können einzellig oder mehrzellig sein. Sie ernähren sich von Licht – diesen Vorgang nennt man Fotosynthese – und sind sehr wichtig für das Leben in den Meeren, da sie von vielen Tieren gefressen werden. Auch für den Menschen sind sie von großer Bedeutung, denn sie produzieren viel Sauerstoff. Aber in all ihrer Schleimigkeit können sie dir das Leben auch ganz schön zur Hölle machen. Manchmal breiten Algen sich kilometerweit im Meer aus und bilden Algenteppiche. Dann färben sie das Meer rot, violett oder grün, und es ist nicht sehr gesund, darin zu schwimmen.

SCHIMMELPILZE

Pilze können einzellig sein, wie zum Beispiel Hefe. Schimmelpilze aber gehören zu den mehrzelligen Pilzen.

Der Aseroe Rubra ist ein ganz schlauer Schimmelpilz. Um sich fortzupflanzen, muss er seine Sporen weit verstreuen, und dafür braucht er Hilfe. Also verbreitet er den Gestank von verrottetem Fleisch, den Fliegen so lieben! Die fressen die schleimigen, stinkenden Sporen, scheiden sie später wieder aus und neue Aseroe können entstehen.

Ein anderer schleimiger Kollege ist der Goldgelbe Zitterling. Er ist der reinste Wackelpudding!

Und es gibt sogar eine große Gruppe Schimmelpilze, die unter dem Namen Schleimpilze bekannt sind.

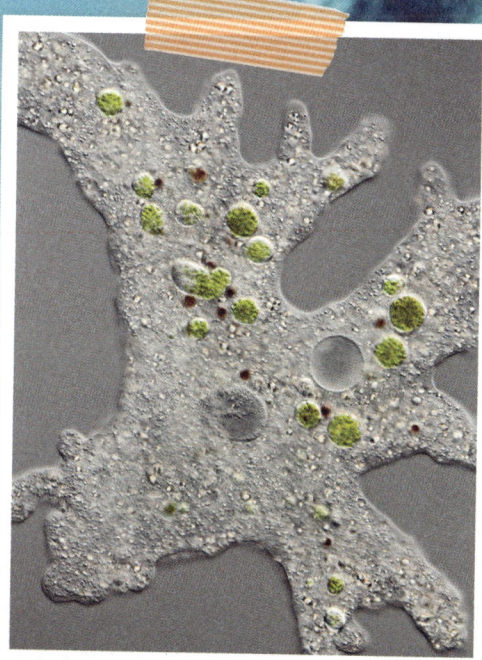

AMÖBEN

Amöben sind einzellige Lebewesen, die auch Wechseltierchen genannt werden. Manche Amöben bilden eine Art lebendigen Schleim, andere können wie Hundekotze aussehen. Nette Gesellen, diese Amöben! (Abgesehen von den gehirnfressenden Amöben. Denen willst du wirklich nicht begegnen!)

GEFAHR!
EIN SUMPF FÜR DEINE DINOS

Vor Millionen von Jahren lebten auf der Erde riesige Dinosaurier, manche von ihnen in Sumpfgebieten. An der Grenze von Wasser und Land gab es genügend Nahrung. Aber der Sumpf mit dem tückischen Treibsand war auch ein gefährlicher Ort. Baue einen Schleimsumpf für deine Spielzeug-Dinos!

Du brauchst:

- 100 ml Bastelleim (mit PVA, siehe Seite 27)
- Lebensmittelfarbe nach Wahl
- ½ Teelöffel Natron
- 4 bis 5 Teelöffel Kontaktlinsenflüssigkeit
- Sand, Äste, Samen, Blätter und/oder Steinchen zum Verzieren
- Dinos

- saubere Arbeitsfläche
- 1 Auflaufform oder Rührschüssel
- 1 Teigschaber

❶ Gib den Bastelleim in eine Auflaufform oder Schüssel.

❷ Füge den Farbstoff hinzu. Grün, Braun, Gelb, Blau – welche Farbe bekommt dein Dino-Sumpf? Rühre gut um.

❸ Füge Natron hinzu und vermische alles gründlich.

❹ Gib jetzt die Kontaktlinsenflüssigkeit dazu und rühre kräftig weiter.

❺ Bedecke eine Hälfte der Auflaufform oder Schüssel mit der Masse. Die andere Seite kannst du zum Beispiel mit Sand auslegen. Verziere das Ganze mit Ästen und Steinchen und lass deine Dinos in ihrem Sumpf auf Nahrungssuche gehen. Pass auf, dass sie nicht ertrinken!

Du kannst natürlich auch für andere Spielzeugfiguren eine Schleim-Landschaft bauen!

Tipp:
Auch der grüne Schleim von Seite 29 eignet sich hervorragend für einen Sumpf.

HOKUSPOKUS,
SCHÖNER SCHLEIM

Es ist schon irgendwie seltsam, dass man Kontaktlinsenflüssigkeit in eine Pfütze mit Leim gießt (oder Waschmittel mit Mehl vermischt) und das Ganze zu Schleim wird. Wie funktioniert das nur?

SCHLEIM MIT STÄRKE

Vor allem Mehl oder Maisstärke sind gut geeignet, um Schleim herzustellen. Wenn Stärke mit Wasser in Berührung kommt, quillt sie auf. Es entsteht ein Netz, das Wasser und Mehl in einem schleimigen Gemisch festhält. Daraus wird ein ganz besonderer Schleim: Er glitscht zwischen den Fingern hindurch, als wäre er ständig auf der Flucht. Und wenn du hineinkneifst und ihn knetest, wird er härter.

SCHLEIM MIT LEIM

Im Leim sind Polymere, die wir Polyvinylalkohole nennen, kurz: PVA. Das sind Moleküle (winzig kleine Teilchen), die lange Ketten bilden, wenn man sie mit Wasser vermischt. Dann werden sie klebrig. PVA ist in Klebern und Leim enthalten, aber auch im Shampoo und anderen Körperpflegemitteln.

Kontaktlinsenflüssigkeit enthält einen Stoff, der Borax heißt. Er wird auch häufig in Reinigungsmitteln verwendet. Borax ist leicht giftig, aber du brauchst keinen Schreck zu kriegen: In den Produkten steckt so wenig Borax, dass es keinen Schaden anrichten kann. Trotzdem solltest du Handschuhe tragen, wenn du damit arbeitest. Und auf keinen Fall solltest du den Schleim in den Mund stecken! Gieße etwas Kontaktlinsenflüssigkeit in eine Pfütze aus Leim und rühre um. Du siehst sofort, dass etwas geschieht: Die Flüssigkeiten verbinden sich miteinander! Die Moleküle bauen Brücken. Die langen PVA-Ketten verbinden sich, weil das Borax sie alle festhält.

Das ist ein PVA-Molekül.

Und das ist ein Borax-Molekül, das im Wasser aufgelöst ist.

Und das passiert, wenn man die beiden vermischt. In der Mitte siehst du das Borax-Molekül, das gleichzeitig zwei nebeneinanderliegende PVA-Polymere festhält. Siehst du auch die kleinen Striche? Sie zeigen die chemische Verbindung zwischen PVA- und Borax-Molekülen.

Tipp:

In Leim, Shampoo und Kontaktlinsenflüssigkeit ist nur sehr wenig PVA und Borax enthalten und das Verhältnis ist nicht immer gleich. Finde heraus, welche Marken sich für den Schleim am besten eignen.

Du brauchst:

- ca. 250 g Maisstärke
- ca. 100 ml Wasser
- eventuell Lebensmittelfarbe

- 1 Rührschüssel
- 1 Messbecher
- 1 Teigschaber

SCHLEIMIGE
EXPERIMENTE

Schleim aus Stärke ist ein „nichtnewtonsches Fluid". Der Wissenschaftler Isaac Newton (1643-1727) hat unter anderem erforscht, wie sich Flüssigkeiten verhalten. Aber wie immer gab es auch hier Ausnahmen von der Regel. Dein Schleim ist so eine: Er widerspricht dem newtonschen Gesetz und wird dicker, wenn man ihm Energie zuführt und zum Beispiel kräftig umrührt. Probiere es aus!

1 Gib die Maisstärke in die Schüssel.

2 Vermische das Wasser mit der Lebensmittelfarbe.

3 Gib das farbige Wasser zur Maisstärke und rühre gut um.

4 Wenn es noch zu flüssig ist, gib mehr Maisstärke dazu, ist es zu fest, nimm Wasser. Das genaue Verhältnis ist schwer einzuschätzen, weil die Wassertemperatur und die Menge des Farbstoffs, den du zugibst, Einfluss auf die Struktur haben.

5 Nimm deinen Schleim in die Hand und versuche, eine Kugel daraus zu formen. Klappt das? Und was passiert, wenn du sie wieder loslässt? (Bitte über der Schüssel …)

Genug experimentiert? Schütte deinen Schleim nicht in den Abfluss, denn der könnte verstopfen. Stecke ihn lieber in eine Tüte und wirf ihn so in den Mülleimer.

Tipp:

Dein Schleim wird fester, wenn du ihn zusammendrückst. Aber wie kommt das? Wie schon erwähnt, quillt Stärke im Wasser auf. Wenn du nur leicht drückst, können sich die Stärkemoleküle noch ein bisschen bewegen. Dann ist der Schleim dick und zähflüssig. Aber wenn du fest hineindrückst, presst du die Wassermoleküle zwischen den Stärkemolekülen weg. Die Stärkemoleküle kleben aneinander und der Schleim fühlt sich fester an.

GRUNDREZEPT
MIT LEIM UND
KONTAKTLINSENFLÜSSIGKEIT

Den besten Schleim stellst du aus Kontaktlinsenflüssigkeit und Bastelleim (oder Holzleim) her. Allerdings muss der Leim Polyvinylalkohol beinhalten (PVA). Schau sicherheitshalber aufs Etikett oder frage im Bastelladen nach. Die Kontaktlinsenflüssigkeit muss Borax enthalten. Weil du nicht genau wissen kannst, wie viel davon du brauchst, solltest du diese Flüssigkeit nach und nach zugeben.

Du brauchst:

- 100 ml Bastelleim (mit PVA)
- Lebensmittelfarbe
- ½ Teelöffel Natron
- eventuell Glitzer, Wackelaugen, Gelperlen und alles, was du findest, um deinen Schleim noch schöner zu machen
- 4 bis 5 Teelöffel Kontaktlinsenflüssigkeit

- saubere Arbeitsfläche
- 1 Rührschüssel
- 1 Teigschaber

1 Gib den Bastelleim in die Schüssel.

2 Füge den Farbstoff hinzu und rühre gut um. Entscheide selbst, wie viel Farbstoff du willst.

3 Gib Natron und eventuell Glitzer und weitere Deko hinzu.

4 Gieße Löffel für Löffel Kontaktlinsenflüssigkeit in den Leim. Du wirst sehen, dass er seine Struktur sehr schnell verändert: Er wird zu Schleim!

5 Knete mit den Händen so lange, bis die Masse nicht mehr klebrig ist.

Dein Schleim ist fertig, du kannst spielen!

Tipp:

Für einen weicheren Schleim kannst du zwischen Schritt 1 und 2 Flüssigwaschmittel dazugießen. Dann riecht das Ganze auch richtig gut!

GRUNDREZEPT
MIT KLEBER
UND WASCHMITTEL

Weil Borax leicht toxisch (=giftig) ist, lassen viele Leute lieber die Finger davon. Aber auch ohne Kontaktlinsenflüssigkeit kannst du einen tollen Schleim herstellen. Dieses Grundrezept aus Waschmittel und Bastelleim ist der Beweis!

Du brauchst:

- *100 ml Bastelleim (mit PVA)*
- *Lebensmittelfarbe*
- *ca. 20 ml Flüssigwaschmittel*
- *eventuell Glitzer, Wackelaugen und andere Deko, um deinen Schleim zu verschönern*

- *saubere Arbeitsfläche*
- *1 Rührschüssel*
- *1 Teigschaber*

1. Gib den Leim in die Schüssel.
2. Füge die Lebensmittelfarbe hinzu und rühre gut um. Entscheide selbst, wie viel Farbstoff du nimmst. Beachte dabei die Waschmittelfarbe!
3. Gieße nach und nach das Waschmittel dazu und vermische alles gründlich.
4. Knete den Schleim mit den Händen gut durch, so lange, bis er nicht mehr klebrig ist. Falls er weiter klebt, gib mehr Waschmittel hinzu. Nur nicht aufgeben! Es kann schon eine Weile dauern.

Spiel bis zum Umfallen mit deinem Schleim!

Tipp:

Manchmal misslingt der Schleim. Dann hattest du einfach nicht die richtigen Zutaten, zum Beispiel ein Waschmittel, das nicht genau tut, was du dir erhoffst. Oft kannst du den Schleim noch mit ein bisschen Natron oder Kontaktlinsenflüssigkeit retten (auch wenn du nicht vorhattest, Borax zu verwenden). Oder mit ein bisschen Maisstärke. Vielleicht kommt dabei zufällig ein ganz tolles neues Schleimrezept heraus. Aufschreiben nicht vergessen! Dafür ist auf Seite 62 und 63 Platz.

GRUNDREZEPT
MIT MEHL ODER MAISSTÄRKE

Der Schleim, den du aus Mehl oder Maisstärke herstellst, wird nicht nur richtig gut, er ist auch noch supersicher! Das Rezept beinhaltet zwar Shampoo, aber du kannst es auch weglassen und nur mit Maisstärke und Wasser arbeiten (siehe dafür das Rezept auf Seite 29). Dieses Rezept ist die schönere, besser riechende Version.

Du brauchst:

- ca. 60 ml Shampoo
- Lebensmittelfarbe, wenn du deinen Schleim färben möchtest (Beachte die Farbe des Shampoos!)
- 250 g Mehl oder Maisstärke
- 1 Tasse warmes Wasser

- saubere Arbeitsfläche
- 1 große Rührschüssel
- 1 Teigschaber

1. Gieße das Shampoo in die Schüssel.
2. Füge einige Tropfen Lebensmittelfarbe hinzu, wenn du magst, und rühre gut um.
3. Gib jetzt Mehl oder Maisstärke dazu und vermische alles gründlich. Das ist nicht einfach, weil noch wenig Flüssigkeit dabei ist. Aber das wird!
4. Gib ein paar Esslöffel warmes Wasser in die Mischung und rühre kräftig weiter.
5. Die Masse wird immer dicker. Nimm sie aus der Schüssel und knete sie mit den Händen. Es ist sehr klebrig, aber wenn du weiterknetest, wird der Schleim immer härter.

Und jetzt spielen!

Tipp:

Wenn du dickeren Schleim willst, kannst du das Wasser weglassen und so viel Maisstärke oder Mehl zufügen, bis du ihn perfekt findest.

NOCH MEHR TOLLER
SCHLEIM

Jeder Schleim ist toll, aber diese Rezepte haben das gewisse Etwas. Fluffy Schleim ist wunderbar weich und vor allem so richtig fluffig. Er riecht fantastisch und sieht klasse aus. Aber natürlich nicht so schön wie der Schleim in Regenbogenfarben.
Und kannst du dir etwas Cooleres vorstellen als magnetischen Schleim? Wenn du einen Magneten darüber hältst … Nein, es wird nichts verraten. Probiere es selbst aus!
Sandschleim kannst du aus Sand machen, den du vom Strand mitgebracht hast (oder aus anderem Sand). Also ein echtes Souvenir von einem schönen Strandtag! Er lässt sich wunderbar kneten. Wenn du diese Schleimrezepte ausprobiert hast, bist du ein echter Profi!

FLUFFIGER
GEHT'S NICHT!

Fluffy Schleim erinnert an Sahnesauce und puschelige Küken, an Schokoladenmousse und fröhliche Kätzchen. Er ist weich und knuffig und riecht einfach toll. Sicher möchtest du stundenlang mit ihm spielen. Aber vorher musst du ihn herstellen, und das ist einfacher, als du denkst!

Du brauchst:

- 1 Flasche Bastelleim (mit PVA)
- ein paar Tropfen Lebensmittelfarbe
- Rasierschaum
- 4 bis 5 Teelöffel Kontaktlinsen-flüssigkeit

- saubere Arbeitsfläche (die schmutzig werden darf ...)
- 1 Rührschüssel
- 1 Teigschaber

1. Gieße eine Flasche Bastelleim in eine Schüssel.

2. Gib Lebensmittelfarbe dazu, bis dir die Farbe gefällt. Denke daran: Der Rasierschaum ist weiß. Die Farben werden also heller. Aber genau diese süßen Pastellfarben passen perfekt zu deinem Fluffy Schleim!

3. Füge den Rasierschaum nach und nach zu und rühre gut um. Eine ganze Dose brauchst du sicher nicht, nimm einfach so viel, bis es sich gut anfühlt.

4. Gib die Kontaktlinsenflüssigkeit teelöffel-weise dazu und vermische alles gründlich. Der Schleim bindet sich jetzt, und es dauert nicht mehr lange, bis du ihn in die Hand nehmen und damit spielen kannst.

Tadaa! Fertig ist der Fluffy Schleim. Ist er nicht herrlich luftig und weich und vor allem fluffig?

Tipp:
Wenn dir der Schleim noch zu klebrig ist, kannst du mehr Kontaktlinsen-flüssigkeit dazugeben.

GLITZERNDER
WINDELSCHLEIM

Bei dem Wort Windelschleim denkst du bestimmt an das eklige Zeug in der Windel deiner kleinen Geschwister. Aber hier geht es um Schleim, der aus Windeln gemacht wird. Häh? Die Sache ist so: In den Windeln stecken trockene Kügelchen, die ein bisschen an Zucker erinnern. Wenn die Windel nass wird, nehmen die Kügelchen die Feuchtigkeit auf und quellen auf. Wenn du sie in Glitzerschleim gibst, entsteht ein toller Effekt. Und keine Sorge: Die Kügelchen sind absolut ungefährlich.

Du brauchst:

- 1 Flasche Bastelleim (mit PVA)
- die gleiche Menge Wasser
- Lebensmittelfarbe
- Glitzer
- ½ Teelöffel Natron
- 4 bis 5 Teelöffel Kontaktlinsenflüssigkeit
- 1 Wegwerfwindel
- 1 l Wasser (für die Windel)

- 1 Rührschüssel
- 1 Messbecher
- 1 Teigschaber
- 1 Schere

1. Gieße den Leim in die Schüssel.
2. Fülle die leere Flasche mit Wasser auf und gieße es ebenfalls in die Schüssel.
3. Gib Lebensmittelfarbe in einer Farbe, die dir gefällt, dazu.
4. Schütte auch Glitzer in die Schüssel, sodass es richtig schön wird.
5. Füge das Natron hinzu und rühre gut um.
6. Gib nach und nach die Kontaktlinsenflüssigkeit dazu und vermische alles gründlich. Der Schleim wird sich jetzt binden.
7. Nimm den Schleim aus der Schüssel und knete ihn durch. Er ist aber noch nicht fertig.
8. Lege die geöffnete Windel in die leere Schüssel und gieße einen Liter Wasser darüber. Die Körnchen saugen sich komplett voll!
9. Reiß die Windel auf, sodass du gut an die Füllung kommst. Drücke sie aus und knete sie in den Schleim.

Schön, oder? Dein Schleim ist jetzt mit glitzernden Kristallen gefüllt.

MAGNETISCHER SCHLEIM

Mit magnetischem Schleim kannst du die coolsten Tricks machen! Halt einen starken Magneten darüber und der Schleim fängt an zu tanzen. Und was passiert wohl, wenn du den Magneten in den Schleim steckst? Probiere es aus!

Du brauchst:

- 1 Flasche Bastelleim (mit PVA)
- etwas Wasser
- ½ Teelöffel Natron
- einige Tropfen Kontaktlinsen-flüssigkeit
- Eisenspäne
- (Neodym)-Magnete

- Backpapier (um den Schleim abzulegen)
- 1 Rührschüssel
- 1 Teigschaber

1. Gib den Bastelleim in die Schüssel.
2. Fülle die Kleberflasche bis zur Hälfte mit Wasser auf, schüttele sie kräftig und gieße das Wasser zum Kleber.
3. Gib das Natron dazu und rühre gut um.
4. Füge nach und nach die Kontaktlinsen-flüssigkeit hinzu und rühre gründlich weiter. Wenn alles geklappt hat, ist der Schleim fertig.
5. Mische jetzt die Eisenspäne unter den Schleim.
6. Jetzt bist du bereit für alle Tricks!

Leider kann man den magnetischen Schleim nicht lange aufheben, weil das Eisen rostet.

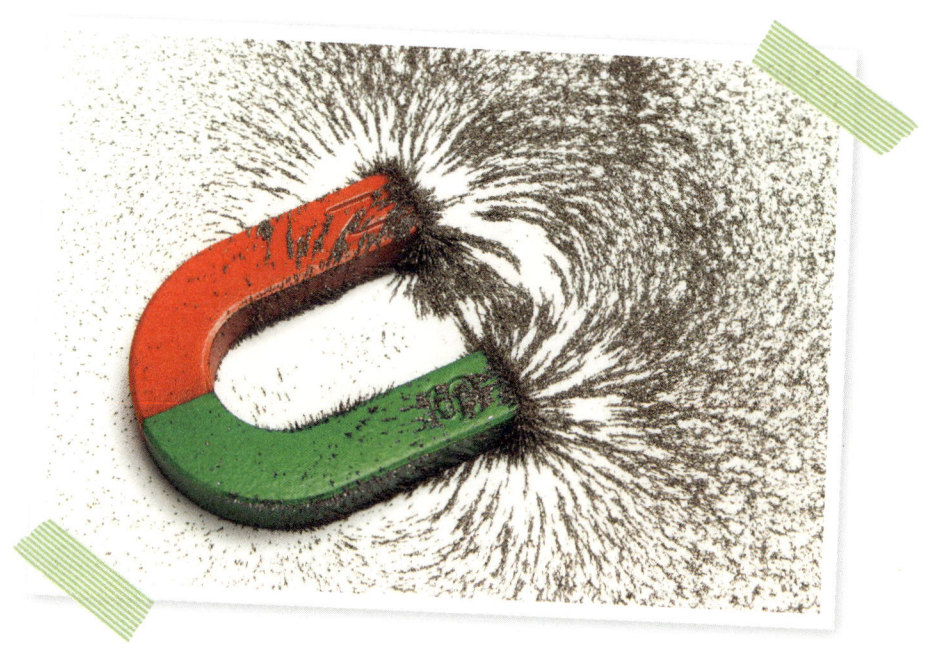

HERRLICHER
SANDSCHLEIM

Spielst du gern mit Sand? Dann ist dieses Rezept genau das richtige für dich. Deinen selbst gemachten Sandschleim kannst du wunderbar kneten. Du kannst dafür Sand aus dem Sandkasten verwenden (vorsichtig vor Katzendreck!), vom Strand mitbringen oder im Laden kaufen. Pass auf, dass keine Muschelstücke drinstecken, die tun beim Spielen weh.

1. Gib den Bastelleim in die Schüssel.
2. Füge den Sand hinzu und rühre gut um.
3. Mische das Natron gründlich unter die Masse.
4. Füge eventuell Farbstoff und Glitzer dazu.
5. Gib die Kontaktlinsenflüssigkeit hinzu und rühre kräftig weiter.

Fertig ist der Sandschleim!

Tipp:
Du kannst den Schleim kneten und hinein-kneifen, etwas damit bauen und deine Spielzeug-Piraten darauf Schätze suchen lassen. Oder hast du noch eine bessere Idee?

SCHLEIM
IN REGENBOGENFARBEN

Dieser wunderschöne Schleim wird nicht nur Einhörnern gefallen! Sieht er nicht zauberhaft aus? Mit Glitzer kannst du für tolle Effekte sorgen.

Du brauchst:

- 1 Flasche weißen Bastelleim (mit PVA)
- Lebensmittelfarbe in verschiedenen Farben (denk an Rosa, Lila, Gelb und Türkis)
- evtl. Glitzer
- ½ Teelöffel Natron
- 4 bis 5 Teelöffel Kontaktlinsen-flüssigkeit

- Backpapier (um den Schleim abzulegen)
- 1 Rührschüssel
- 1 Teigschaber

Tipp:
Du benötigst Schleim in mehreren Farben. Dazu musst du die Schleim-kugeln nacheinander herstellen, also Schritt 1 bis 4 mehrmals wiederholen.

❶ Gib einen Teil des Leims in eine Schüssel: die Hälfte, wenn du zwei Farben hast, ein Drittel bei drei Farben und ein Viertel bei vier Farben.

❷ Füge die Lebensmittelfarbe und, wenn du magst, etwas Glitzer hinzu.

❸ Gib etwas Natron dazu und rühre gut um. Bei drei verschiedenen Farben nimmst du ein Drittel der Natron-Menge, die du insgesamt brauchst, bei vier Farben ein Viertel.

❹ Gib etwas Kontaktlinsenflüssigkeit in die Masse und vermische alles gründlich.

❺ Stelle drei oder vier verschiedenfarbige Schleimsorten nach Rezept her.

❻ Forme aus jeder Schleimkugel einen langen Strang und schneide ihn in zwei Teile. Lege die Hälften nebeneinander.

❼ Drehe die bunten Schleimstränge ineinander.

Jetzt schillert dein Schleim in den schönsten Regenbogenfarben!

MMMMM! ESSBARER SCHLEIM

Findest du nicht auch, dass Fluffy Schleim aussieht wie Softeis? Fast zum Anbeißen! Aber Kontaktlinsenflüssigkeit, Leim und Waschmittel steckt man sich natürlich nicht in den Mund. Dafür musst du essbaren Schleim herstellen … und zwar aus diesen Gründen:

1
Es macht Riesenspaß (auch, weil du bei der Arbeit schon ein bisschen naschen kannst …)!

2
Man kann damit genauso gut spielen wie mit nichtessbarem Schleim.

3
Er riecht unfassbar lecker!

4
Wenn deine Eltern Stress machen wegen der vielen Süßigkeiten, brauchst du nur zu sagen: „Ich experimentiere, das ist wichtig für meine Entwicklung."

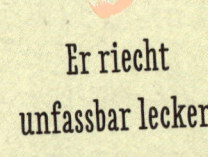

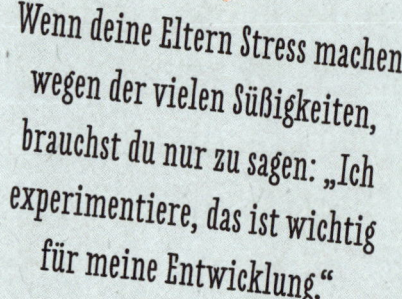

5

Wenn du fertig gespielt hast, kannst du dir den Schleim in den Mund stecken und gut schmecken lassen.

6

Schleim, der in deinem Magen verschwindet, ist schnell aufgeräumt, oder?

Eins noch:

Bitte lass deinen essbaren Schleim nicht überall herumliegen. Das wäre unhygienisch. Wenn du also fertig gespielt hast und noch ein bisschen Schleim übrig ist, steck ihn in eine luftdichte Tüte oder Dose. Du wirst merken, dass er härter wird, aber er schmeckt immer noch großartig!

LECKER
KARAMELLIG!

Das Schwierigste an diesem Schleimrezept ist, nichts aufzuessen, bevor es fertig ist. Aber wenn du das schaffst, wirst du belohnt. Weil du für dieses Rezept den Herd brauchst, ruf bitte deine Eltern dazu.

1. Löse das Papier von den Bonbons ab und gib sie in eine hitzebeständige Schüssel. Wenn du Bonbons in verschiedenen Farben hast, kannst du sie mischen.

2. Lass die Bonbons im Wasserbad schmelzen: Stelle dafür einen Topf mit etwas Wasser auf den Herd und hänge die Schüssel mit den Bonbons hinein. Bitte erwärme die Bonbons nicht in der Mikrowelle, dort verbrennen sie.

3. Wenn alle Bonbons geschmolzen sind, stellst du den Herd aus und nimmst die Schüssel vorsichtig heraus.

4. Rühre gut um. Pass auf! Die Masse ist klebrig und glühend heiß!

5. Streue etwas Puderzucker auf das Backpapier oder die Silikonmatte und gib die Karamellmasse darauf.

6. Lass alles gut abkühlen. Wälze dann die Karamellmasse im Puderzucker, damit sie nicht so klebt. Und dann: kneten und drücken!

Fertig gespielt? Dann lass dir deinen essbaren Schleim schmecken!

Du brauchst:

- 1 Tüte weiche Karamellbonbons
  (Geschmack nach Wahl)
- Puderzucker

- saubere Arbeitsfläche
- 1 hitzebeständige kleine Schüssel
- 1 großen Topf
- 1 Teigschaber
- Backpapier oder Silikonmatte

SCHLEIM
AUS MARSHMALLOWS

Aus Marshmallows kannst du lustigen essbaren Schleim machen. Die größte Herausforderung ist, ihn so hinzukriegen, dass er nicht klebt. Aber wenn du es gern klebrig magst, ist das hier genau dein Rezept!

Du brauchst:

- 1 Tüte weiße Marshmallows
- gelbe Lebensmittelfarbe
- ein paar Teelöffel (Sonnenblumen-)Öl
- ca. 50 g Maisstärke

- saubere Arbeitsfläche
- Mikrowelle
- 1 mikrowellengeeignete Schüssel
- 1 Teigschaber

Tipp:

Natürlich kannst du auch bunte Marshmallows nehmen oder Mäusespeck. Oder andere Lebensmittelfarbe.

1. Schütte Marshmallows in die mikrowellengeeignete Schüssel.

2. Lass sie in der Mikrowelle ca. eine Minute schmelzen. Achtung: Die Marshmallows werden dabei doppelt so groß! Verwende also eine ausreichend große Schüssel.

3. Nimm die Schüssel aus der Mikrowelle. Füge einige Tropfen gelbe Lebensmittelfarbe hinzu und vermische alles gründlich.

4. Rühre das Öl hinein. Wenn der Schleim noch klebrig ist, gib mehr Öl hinzu.

5. Gib nun etwas Maisstärke dazu und rühre gut um. Wenn du mit der Struktur des Schleims noch nicht zufrieden bist (zu klebrig), gib noch etwas Maisstärke hinzu.

6. Wenn er nicht mehr klebrig ist, kannst du den Schleim mit den Händen kneten.

Fertig geknetet und gespielt?
Dann: Guten Appetit!

LIMO-SCHLEIM
AUS DER FLASCHE

Auch mit Limo kannst du spannenden Schleim herstellen. Dafür brauchst du Flohsamen-schalen. Die bekommst du im Bio-Markt oder in der Drogerie. Sie sind eigentlich für die Verdauung gedacht, genauer gesagt: um besser aufs Klo gehen zu können. Darum darfst du nicht zu viel davon essen. Aber Spielen ist unbegrenzt erlaubt!

Du brauchst:

- 250 ml Limo
- 4 Esslöffel Flohsamenschalen
- eventuell Lebensmittelfarbe

- 1 Rührschüssel
- 1 Teigschaber

1. Gieße die Limo in die Schüssel.
2. Gib den Flohsamen esslöffelweise dazu und rühre gut um.
3. Füge eventuell Lebensmittelfarbe hinzu.
4. Lass die Schüssel zehn Minuten stehen, damit die Samen die Flüssigkeit aufnehmen können.

Ausgeruht? Dann auf zum Spielen!

Lustig!

Würden die Leute nicht blöd gucken, wenn statt Cola oder Limo Schleim aus der Flasche käme? Gieß einfach den Schleim mithilfe eines Trichters zurück in die Flasche. Allerdings solltest du in dem Fall weniger Flohsamen verwenden – ein Esslöffel ist dann ausreichend. Aus einer leeren PET-Flasche, von der du den Boden abschneidest, kannst du übrigens ganz einfach einen Trichter basteln.

JUST SAY CHEESE!

Du brauchst:

- Apfelmus
- Vanillepudding
- Schmelzflocken
- grüne Lebensmittelfarbe

- 1 Rührschüssel
- 1 Teigschaber
- 1 Fotoapparat oder Smartphone

EINE KNALLGRÜNE DUSCHE

Manchmal ist eine grüne Schleimdusche in Fernsehshows zu sehen. Woraus sie besteht? Das können wir nur ahnen, deshalb haben wir uns selbst etwas überlegt. Die gute Nachricht: Du brauchst nicht viele Zutaten. Am meisten Spaß macht dieses Rezept natürlich zu zweit, denn dann könnt ihr euch das Ganze gegenseitig über den Kopf kippen.

1 Gib das Apfelmus, den Vanillepudding und die Schmelzflocken in eine große Rührschüssel. Nicht alles auf einmal: Du musst erst herausfinden, welches das beste Verhältnis ist.

2 Verrühre alles gut.

3 Gib die Farbe tröpfchenweise hinzu, bis alles eine perfekte knallgrüne Farbe hat.

Fertig? Dann lauf ins Freie und gieß die grüne Dusche über deinen besten Freund! Vergiss nicht, zu fotografieren oder zu filmen.

Klebe hier
dein Foto ein!

Tipp:

Da der grüne Schleim so lecker ist, solltest du deinem besten Freund nur wenig über den Kopf schütten und den Rest lieber aufessen ... und das möglichst schnell. Der Schleim ist nicht lange haltbar.

SCHLEIM
RICHTIG AUFBEWAHREN

Was machst du jetzt mit den Kugeln und Massen, die du hergestellt hast? Aufbewahren natürlich, bis zum nächsten Mal! Es sei denn, du hast den essbaren Schleim schon aufgefuttert ...

Damit du auch noch in ein paar Tagen und Wochen mit dem Schleim spielen kannst, musst du ihn luftdicht lagern. Geeignet sind:

- Zip-Verschluss-Beutel
- Frischhaltedosen
- Vorratsgläser
- ein Brotkasten, der luftdicht verschließbar ist
- Metalldosen

SCHLEIM IM WANDEL

Nach einer gewissen Zeit verändert sich der Schleim. Der tolle Karamellschleim wird bretthart. Der magnetische Schleim rostet. Schleim aus Maisstärke oder Mehl trocknet aus und wird wieder zu Pulver. Den solltest du also nach dem Spielen lieber gleich in den Mülleimer werfen. Schütte deinen Schleim auf keinen Fall in die Toilette, denn die könnte verstopfen! Aber mit der richtigen Aufbewahrung und ein bisschen Glück hast du noch wochenlang Spaß daran.

Sammle geeignete Verpackungen, um deinen Schleim aufzubewahren. Zum Beispiel das Glas der Schokocreme (mit Deckel!), Margarinepackungen und Eisdosen.

SCHLEIMIGE GESCHENKE

Schleim ist ein großartiges Geschenk. Wetten, dass sich deine Freunde alle total darüber freuen? Du kannst ihn auch deinen kleinen Geschwistern schenken, deiner Oma (die findet sowieso alles schön, was du ihr schenkst) und deinen Eltern. Die können bestimmt etwas Antistress-Schleim gebrauchen (vor allem, wenn sie herausfinden, dass du Schleim auf dem Sofa verschmiert hast, der nicht mehr rausgeht).

HÜBSCHE DEKO FÜR TÜTE UND DOSE

Schleim in einer verschließbaren Tüte oder einem Schraubdeckel-Glas aufzubewahren, ist zwar praktisch, aber nicht schön. Es sei denn, du verzierst sie! Dafür gibt es 1001 Möglichkeiten. Nimm wasserfeste Stifte, Aufkleber, Farbe, buntes Papier, farbiges Klebeband, selbstklebende Strass-Steine, Wackelaugen oder was immer dir einfällt, um deinen Schleim so schön wie möglich zu verpacken. Wie wäre es mit einer farblich passenden Deko zum Schleim? Du hast zum Beispiel blauen Schleim hergestellt? Dann kannst du Fische auf die Tüte oder das Glas kleben. Fertig ist das schleimige Aquarium! Oder du steckst ein paar Plastikfische in den Schleim.

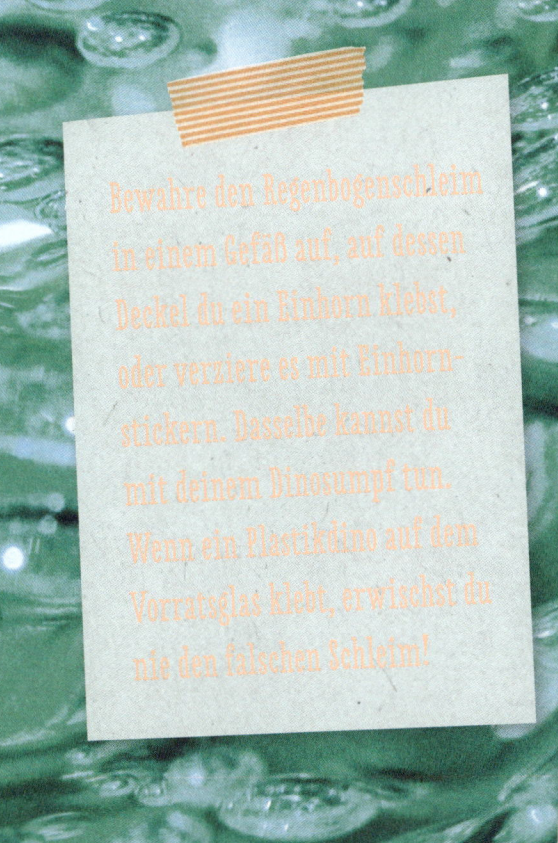

Bewahre den Regenbogenschleim in einem Gefäß auf, auf dessen Deckel du ein Einhorn klebst, oder verziere es mit Einhornstickern. Dasselbe kannst du mit deinem Dinoschleim tun. Wenn ein Plastikdino auf dem Vorratsglas klebt, erwischst du nie den falschen Schleim!

EIGENE SCHLEIMREZEPTE
ERFINDEN

Jetzt hast du viel über Schleim gelesen und gehört. Und vor allem: viel Schleim hergestellt. Schleim nach Rezept zusammenzumixen ist großartig, besonders, wenn er gelingt! Aber nun juckt es dir bestimmt in den Fingern, dir selbst etwas auszudenken. Wie ein echter Alchimist willst du natürlich herausfinden, wie sich Haus-, Garten- und Küchenutensilien in Gold, äh, Schleim verwandeln.

Inzwischen hast du sicher verstanden, wie die einzelnen Zutaten zueinanderpassen. Kleber und Kontaktlinsenflüssigkeit, Maisstärke und Wasser … Du hast Rasierschaum, Shampoo, Vanillepudding, Eisenspäne, Karamellbonbons und Sand vermischt und verknetet. Aber was passiert, wenn du Zahnpasta und Haargel mit Kleber und Milch vermischst? Oder Butter zum Fluffy Schleim gibst? Oder Weingummi nimmst statt Karamell? Es gibt nur eine Möglichkeit, das herauszufinden …

VIEL ERFOLG!

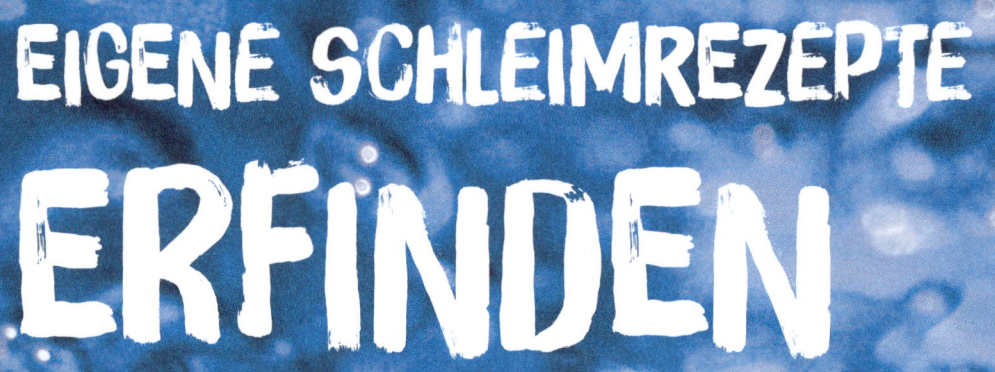

Vergiss nicht, die besten Schleimrezepte aufzuschreiben. Dann kannst du sie jederzeit wiederholen und an deine Freunde und Freundinnen weitergeben.

MEIN EIGENES SCHLEIMREZEPT

Selbst ausgedacht! Ich musste denken und
experimentieren, rühren und schütteln,
mischen und kneten. Aber jetzt ist es perfekt.

So heißt mein Schleim:

_____

Und so wird's gemacht:

Diese Zutaten braucht man dafür:

So sieht mein Schleim aus:

Klebe hier ein Foto von
deinem Super-Schleim ein!

MEIN EIGENES SCHLEIMREZEPT

Selbst ausgedacht! Ich musste denken und experimentieren, rühren und schütteln, mischen und kneten. Aber jetzt ist es perfekt.

So heißt mein Schleim:

_____

Und so wird's gemacht:

Diese Zutaten braucht man dafür:

So sieht mein Schleim aus:

Klebe hier ein Foto von deinem Super-Schleim ein!